Peter Beck

Gartenteiche
schön gestalten

KOSMOS

Inhalt

Herbststimmung am Gartenteich.

Seerosen symbolisieren den Teichsommer.

DEN TEICH PLANEN 5

Der richtige Wassergarten für mich 6
Fertigteich 6
Folienteich 6
Tonteich 7
Betonteich 7
Die Materialwahl 7
Gestaltung der Wassergärten 8
Vorbereitung der Bepflanzung 8
Pflanzung einer Seerose 9
Wasserspeier, Sprudelsteine & Co. 10
Die Bepflanzung 11
Tiefwasserzone 11
Wasseroberfläche 11
Flachwasserzone 12
Sumpfzone 12
Feuchte Randzone 12
Teichanschlussbereich 13

DIE PFLANZENPRAXIS 15

Pflegetipps für Ihren Gartenteich 16
Der richtige Bodengrund 17
Pflegetipps für das Frühjahr 17
Pflegetipps für den Sommer 17
Pflegetipps für den Herbst 18
Pflegetipps für den Winter 19
Algen im Wasser 19

DER RICHTIGE EINKAUF 21

Richtlinien für den Pflanzeneinkauf 22
Pflanzzeit – Einkaufszeit 23
Einkaufstipps 23
Pflanzbehälter 24
Nützliches Teichzubehör 24
Exotische Schwimmpflanzen 25

TIERE AM WASSER 26

Insekten 26
Schnecken 26
Muscheln 27
Amphibien 27
Kriechtiere 27
Andere Tiere 27

DIE AUSSCHNEIDEBÖGEN 28

TIPPS UND TRICKS BEI TEICHPROBLEMEN 29

Algen im Teich 29
Trübes Wasser 29
Schaumbildung 29
Frostschutz 29
Laubeinfall 29
Verlandung 29
Wassererwärmung 29

Den Teich planen

Egal ob groß oder klein, sonnig oder schattig – grundsätzlich kann in jedem Garten ein dekorativer Teich angelegt werden. Allerdings sollte vor der Planung und Anlage eines Wassergartens Verschiedenes bedacht werden, wenn man für lange Zeit seine Freude an dem Gewässer haben möchte.

Die Beschaffenheit des Grundstücks ist das entscheidende Kriterium für die Wahl der Teichart und seines exakten Standortes. Im Handel dominieren immer mehr vorgeformte Fertigteiche, weil sie einfach und schnell aufgebaut werden können. Mit Folien aus dauerhaftem und UV-beständigem Kunststoff lassen sich sehr individuelle Formen realisieren.

Gelbe Schwertlilie (*Iris pseudacorus*): leuchtende Farbe und graziler Wuchs

Weiße Schein-Calla (*Lysichiton camtschatcensis*): eine auffällige Staude für die Uferzone

Auch Sandsteinbecken lassen sich in Wassergärten verzaubern.

DER RICHTIGE WASSERGARTEN FÜR MICH

Es gibt eine Vielzahl von Baumaterialien, die unseren Wunsch nach einem attraktiven Gartenteich zur Wirklichkeit werden lassen. Hier ist eine Auswahl der wichtigsten Teichformen mit ihren Vor- und Nachteilen.

Fertigteich

Vorteile: Industriell gefertigt, formenreich, aus thermoplastischen Kunststoffen PE (Polyethylen) und GFK (glasfaserverstärkter Kunststoff); Wassertiefe bis 100 cm erreichbar. UV-, frost- und hitzebeständig, bruch-, schlag- und formsicher. Die Uferrinnen sind für dauerhaft schöne Bepflanzung geeignet.
Nachteile: Beckengröße begrenzt. Sinkt der Wasserstand durch Verdunstung ab, so erhitzen sich freiliegende Uferpartien, was für Tiere gefährlich ist. Enden die Uferpartien glatt und steil (ohne Randzone), können Fertigteiche zu Todesfallen für hineingefallene Tiere werden. Daher für mehrere Ausstiegsmöglichkeiten sorgen!

Folienteich

Vorteile: Sehr variabel verlegbar, jede Teichform und -größe möglich. Gute PVC-Folien sind UV-, witterungs- und temperaturbeständig; nicht an der Folienstärke sparen! Dichtegarantie 20 bis 30 Jahre. Keine unerwünschte Abgabe von Stoffen an das Grundwasser; fischverträglich; recyclingfähig; halten Steinen und Wurzeldruck stand.

Andere geeignete Folien: EPDM (EthylenPropylen-DienTerPolymer) Kautschukfolie: hohe Elastizität, auch bei kühlem Wetter, sehr gut verlegbar. PE-Folie (Polyethylen): etwas steifer und deshalb auch schwerer zu verlegen. Beide Folien nur vom Hersteller zu verschweißen.

Tonteich
Vorteile: Natürlichstes aller Materialien.
Nachteile: Ton ist sehr schwer; zur Verdichtung sind Rüttler und Motorstampfer nötig. Die Ufer müssen flach gestaltet werden und dürfen nie austrocknen.

Betonteich
Vorteile: Zu empfehlen, wenn der Untergrund sehr locker oder felsig ist oder der Teich an ein Betonfundament anschließen soll.
Nachteile: Schafft unverrückbare Tatsachen. Aushub ca. 20 bis 30 cm tiefer als beim Folienteich nötig. Sollte Schalung von außen nötig sein, muss entsprechend mehr Boden ausgehoben werden. Genügende Wandstärke über 10 cm, Armiergitter und ein fischverträglicher Anstrich sind notwendig.

Die Materialwahl
Bei der Wahl des Materials für den Wassergarten sind folgende Kriterien als Entscheidungshilfen zu beachten: Sicherheit, Langlebigkeit, Dichte, Umweltverträglichkeit, Recyclingfähigkeit, variable Gestaltungsmöglichkeiten, gute Pflege- und Reparaturmöglichkeiten. Ebenfalls zu bedenken: Sind Transport und Einbau problemlos in Eigenleistung möglich?

Ziest (*Stachys palustris*)

Mit Folie lassen sich viele verschiedene Teichformen verwirklichen.

BERECHNUNGSFORMEL FÜR DEN FOLIENBEDARF

geplante Oberflächenlänge
+ geplante Teichtiefe × 2
+ 2 × 0,5 m für den Rand
= benötigte Folienlänge

geplante Oberflächenbreite
+ geplante Teichtiefe × 2
+ 2 × 0,5 m für den Rand
= benötigte Folienbreite

GESTALTUNG DER WASSERGÄRTEN

Lichte Gärten sind optimal für einen Wassergarten. Im sonnendurchfluteten Teich finden die schönsten unter den Wasserpflanzen, die Seerosen, einen idealen Lebensraum. Aber auch unsere einheimischen Wasser- und Sumpfpflanzen lieben und brauchen viel Licht. Probleme mit zu viel Sonneneinstrahlung kann es in kleinen Teichen (unter 1000 Litern) geben, weil sich das Wasser zu schnell erwärmt und dadurch Sauerstoffmangel entstehen kann.
Auch im Schattenwurfbereich von Bäumen ist es möglich, einen Teich anzulegen. Im Herbst sollte man allerdings ein Laubschutznetz anbringen. Im absonnigen Bereich ist es jedoch nicht nur dunkler, sondern auch feuchter und kühler.

DIE SEEROSE– KÖNIGIN DER SCHWIMMBLATTPFLANZEN

Die vielfarbigen Seerosen-Hybriden brauchen sechs bis acht Stunden Sonne und warmes Wasser (20–25 °C), um zu gedeihen und zu blühen. Sie sind Schwimmblattpflanzen, deren Wurzelstock am Gewässergrund verankert ist und deren Blätter zur Wasseroberfläche emporwachsen. Die Blüten öffnen sich etwa drei bis fünf Tage lang am frühen Vormittag und schließen sich wieder am späten Nachmittag. Einige Züchtungen haben duftende Blüten, wie z.B. alle mit *Nymphea odorata* gekreuzten Sorten.
Bei der Seerosenauswahl empfiehlt es sich, darauf zu achten, dass es auch viele großblättrige und schnellwüchsige Arten gibt.
Solche können sehr schnell die gesamte Wasseroberfläche kleiner Teiche bedecken. Dies gilt es beim Kauf immer zu bedenken.
Von großem Vorteil ist es, den Pflanzkorb die erste Zeit im wärmeren Flachwasser des Teiches zu platzieren und ihn erst nach gutem Durchtrieb tiefer zu setzen.

Frösche (links Laubfrosch) lieben Feuchtigkeit.

Vorbereitung der Bepflanzung

Können die Teichpflanzen nicht sofort am vorgesehenen Platz eingepflanzt werden, so empfiehlt es sich,

Üppig blühende Stauden umsäumen diese Wassergartenidylle.

sie kühl und feucht zu lagern. Anschließend werden sie nach einem Pflanzplan sortiert und griffbereit ausgelegt.
Anhaftende Algen entfernt man vor dem Einpflanzen genauso wie vergilbte oder beschädigte Pflanzenteile, Schneckenlaich, Schnecken, Käfer etc. Wasserlinsen, die an den Pflanzen kleben.
Das ursprüngliche Substrat des Containers eignet sich hervorragend zur Kompostierung. Als Teichsubstrat ist es nicht zu gebrauchen, weil es oft konzentrierte Nährlösungen enthält, die unser Teichwasser nur belasten würden. Beim Herauslösen aus dem Container sollte nicht am Austrieb gezogen werden. Wenn einzelne Wurzeln oder ein wildes Geflecht aus den Bodenlöchern des Pflanzengefäßes ragen, empfiehlt es sich, den gesamten Boden inklusive der herausragenden Wurzeln mit einem scharfen Messer vom Topf abzutrennen. Bevor man sie endgültig verpflanzt, werden die Pflanzen noch einmal in einem Eimer untergetaucht und dabei gut abgespült.

Pflanzung einer Seerose

Damit die Königin der Teichpflanzen, unsere Seerose, gut anwächst, wird das Rhizom gründlich abgespült und alle Wurzeln, die länger als 10 cm sind, mit einem scharfen Messer auf ca. 7 cm eingekürzt. Dabei wird das Rhizom nochmals nach Faulstellen abgesucht. Eine Geruchsprobe zeigt auf, wenn das Innere fault, obwohl die äußere Hülle noch unversehrt ist. In ei-

Farbtupfer auf dem Wasser: purpurfarbene Seerose (*Nymphaea laydekeri 'Purpurata'*)

nem solchen Fall ist ein strenger Geruch nach faulen Eiern wahrzunehmen.

Solch eine Pflanze ist noch zu retten, wenn alles Faule restlos entfernt und die Schnittstelle mit Holzkohlenstaub bestreut wird, den man antrocknen lässt.
Die gut vorbereiteten Seerosen kommen als erstes in ihre Pflanzbehälter. Je größer die Pflanze werden kann, desto größer soll auch der Pflanzkorb sein. Die Seerose wächst am besten an, wenn sie schräg im Korb liegend bis zum Austrieb, der immer frei liegen muss, von Substrat bedeckt ist. Als Substrat ist grober Kies gut geeignet. Dazu gibt man Spezialbodengrunddünger aus dem Fachgeschäft.
Weil Seerosenrhizome leicht aufschwimmen, werden sie mit einem plastikummantelten Draht entweder auf dem Korbboden oder an den Korbrändern fixiert.

Wasserspeier, Sprudelsteine & Co.

Um dem Teich eine besondere Note zu geben, bieten sich vielerlei natürliche oder künstliche Gestaltungsele-

TIPP

Als Pflanzbehälter werden gelöcherte Plastikkörbe in vielen Formen und Größen angeboten. Gut geeignet sind auch Pflanzkörbe oder Pflanztaschen aus Kokosfaser. Steile Teichwände können mit Hilfe von Pflanzmatten begrünt werden, in deren Taschen die Pflanzen eingesetzt werden können.

Pflanzung von Seerosen: legen Sie ein Ballentuch in einen Pflanzkorb.

Kürzen Sie die Wurzeln mit einem scharfen Messer ein.

Bedecken Sie das Pflanzsubstrat mit Kieselsteinen, um Seerosenrhizome am Aufschwimmen zu hindern.

Wasserspeier gibt es in den unterschiedlichsten Varianten.

mente an. Mit Steinen, besonders Findlingen in allen Variationen, lassen sich recht einfach ganze Landschaften modellieren. Vielgestaltige Wasserspeier aus Ton, Stein und anderem Material lassen sich ebenfalls als Dekoration am Ufer platzieren. Sie sind nicht nur dekorativ, sondern auch als Sauerstoffspender einsetzbar.
Eines sollte man bei der Teichgestaltung allerdings immer beachten: Schadstoffe dürfen während des Baus auf keinen Fall in das Wasser gelangen können!

DIE BEPFLANZUNG

Tiefwasserzone

In der Tiefenzone finden neben den Seerosen auch wintergrüne Sauerstoffspender ihren Lebensraum, genauso wie die flutenden Unterwasserpflanzen.
Bevor die Seerosen an ihren endgültigen Standort kommen, sollten sie erst an einer flachen Stelle, an der 20 bis 40 cm Wasser über dem Korbrand stehen, anwachsen. Haben sich fünf bis sieben neue Blätter gebildet, senkt man den Korb in die Tiefenzone ab.

Wasseroberfläche

An der Wasseroberfläche leben die so genannten Schwimmpflanzen. Sie können allesamt stark wuchern und sich über die gesamte Teichoberfläche ausbreiten. Achtung: mindestens 60% der Wasseroberfläche sollten pflanzenfrei bleiben!

TIPP
Ein optimaler Standort für Teiche sollte während des Tages drei bis vier Stunden im Schatten liegen, damit sich das Wasser nicht zu sehr erwärmt.

Auf den Blättern des Frauenmantels (*Alchemilla vulgaris*) perlt das Wasser ab.

Flachwasserzone

Die Flachwasserzone wird von Pflanzen besiedelt, die in der Natur in der Röhrichtzone vorkommen. Die meisten kommen gut mit wechselndem Wasserstand zurecht.
Untergetauchte Stängelpflanzen wachsen und wirken als Tuff mit zehn bis 20 Pflanzen gepflanzt am besten. Der Blattabstand von Pflanze zu Pflanze sollte 2 bis 3 cm betragen, so dass sich die Blattspitzen nicht berühren. Starkwüchsige Gewächse wie Schilf, Rohrkolben oder Kalmus gehören in Pflanzkörbe.

Sumpfzone

Damit die Teichdichtung nicht beschädigt wird, ist bei der Bepflanzung der Sumpf- oder Seichtwasserzone und dem durchfeuchteten Uferbereiche auf den Einsatz von Harke oder Schaufel zu verzichten.
In der Sumpfzone wachsen hauptsächlich bodendeckende, Rasen bildende und niedrig bleibende Arten, die die Sicht auf die Wasserfläche nicht verwehren.
Bei der Erstbepflanzung ist es wichtig, dass der Pflanzplan eingehalten wird. Besondere Beachtung schenken wir der richtigen Platzierung, die die Pflanztiefe und den Pflanzabstand berücksichtigt. Schon während des Pflanzens kann der Teich nach und nach mit Wasser gefüllt werden.

Feuchte Randzone

Der Ufersaum von Teichen soll sich übergangslos der

TIPP
So schön können Inseln im Teich sein: sie lassen sich ganz unterschiedlich gestalten, mit Holzstubben dekorieren und beherbergen Pflanzen, die sich sonst zu stark ausbreiten würden. Libellen bieten sie Anflugplätze und Fröschen ein katzensicheres Rückzugsgebiet.

Von der Bank aus lassen sich die Teichzonen gut beobachten: 1. Röhricht-, 2. Flachwasser-, 3. Sumpfzone, 4. Wiese als Teichanschlusszone

Die bis 1 m groß werdenden Schwertlilien (*Iris sibirica*) blühen im Juni.

TIPP
Sumpf- und Wasserpflanzen halten ein Gewässer gesund: sie produzieren Sauerstoff, reduzieren Schadstoffe, manche Arten wirken entgiftend und keimhemmend, manche auch antibiotisch.

Teichbepflanzung anpassen. Uferzonen können ganz nach Wunsch wechsel- oder dauerfeucht, bis hin zum trockenen Standort (auch Trockenmauern) geplant werden.

Teichanschlussbereich

Bei der Gestaltung und Bepflanzung des Teichanschlussbereiches (Uferanschluss) plant man Wege ein, um den Teich jederzeit trocken und sicher erreichen zu können. Dies ist nicht nur für die Pflegemaßnahmen sinnvoll; wir können vor allen Dingen jederzeit das Leben und Treiben in unserem Wassergarten beobachten. Ist der Garten für Kinder zugänglich, muss der Teichbereich zur Sicherheit mit einem Zaun gesichert werden.
Bei der Planung des Teichanschlussbereichs spielt für das Gedeihen der Pflanzen die Beschaffenheit des vorhandenen Bodens eine große Rolle. Bei der Pflanzenauswahl wird auch der Pflegebedarf in die Überlegung mit einbezogen. Noch vor dem Pflanzenkauf ist der vorgesehene Boden vorzubereiten und einer Bodenuntersuchung (pH-Wert und Nährstoffgehalt) zu unterziehen. Wenn nötig, ist das entsprechende Substrat zu beschaffen. Um sicher zu gehen, dass sich nach der Erstbepflanzung der brachliegende Boden nicht sofort mit Wildkräutern einsät, sollte der Boden mit Rindenmulch abgedeckt werden. Unkrautvernichtungsmittel dürfen auf keinen Fall in Teichnähe verwendet werden!

Gelbe Farbtupfer am Wasser: Gelbfelberich (*Lysimachia punctata*)

Interessant, was im Wasser alles zu entdecken ist.

Die Sumpfdotterblume (*Caltha palustris*) sollte als reizvolle Vordergrundpflanze in keinem Teich fehlen.

Die Pflanzen-praxis

Eine harmonisch gestaltete Teichanlage wirkt neben dem Zauber, der von der Wasserfläche ausgeht, vor allem durch eine reizvolle Bepflanzung. Damit alles von Anfang an gut wächst, müssen einige wichtige Bedingungen erfüllt werden.

Vor allem wenn Sie neben Pflanzen auch Teichfische in Ihrem Wassergarten pflegen, ist es wichtig, die Wasserwerte regelmäßig zu kontrollieren.
Sauerstoffmangel, wie er durch starkes Algenwachstum und hereinfallendes Laub im Herbst bewirkt wird, verändert das Ökosystem des Teichs und führt zu einem Absterben des Fischbestandes. Wenn Sie die folgenden Tipps zur Teichpflege beherzigen, kann nichts schief gehen und Ihr Teich wird dauerhaft schön bleiben.

Wasserpflanzen lassen sich durch Teilen älterer Pflanzen gewinnen.

PFLEGETIPPS FÜR IHREN GARTENTEICH

Wenn sich das erste Grün zeigt, empfiehlt es sich, die gesamte Bepflanzung zu durchforsten.
Alles Abgestorbene wird dabei entfernt und kompostiert (dies ist übrigens auch im Herbst möglich und sinnvoll). Pflanzen, die sich zu stark ausgebreitet haben, lassen sich jetzt problemlos teilen und, wenn nötig, umgruppieren.
Alle Pflanzenteile, die im Teich waren, werden vor dem Kompostieren gut im Wasser ausgespült und dann nochmals für 24 Stunden am Teichrand abgelagert, damit sich sämtliches Getier aus der Pflanzenmasse in den Teich retten kann.

OPTIMALE WASSERWERTE FÜR IHREN TEICH

Karbonathärte:	5–15 °KH
Gesamthärte:	7–20 °dH
pH-Wert:	7–8
Nitrat:	< 50 mg/l
Sauerstoff:	> 60 mg/l

Wenn Sie während der vergangenen Wachstumsperiode beobachtet haben, dass dünnstielige Pflanzen oder deren Blüten umgeknickt sind (Schwanenblume, Kleiner Rohrkolben etc.), so sollten diese Pflanzen jetzt an einen windgeschützten Standort umpflanzt werden.
Da Schwimmpflanzen sich oft explosionsartig ausbreiten, müssen sie bis auf kleine Mengen regelmäßig abgefischt werden. Es ist wichtig, darauf zu achten, dass immer 60 % der Teichoberfläche pflanzenfrei bleiben.
Um eine Florenverfälschung in der Natur zu vermeiden, dürfen überzählige Teichpflanzen auf keinen Fall in natürliche Gewässer ausgesetzt werden.
Besonders wenn Fische gepflegt werden, sollte auf optimale Wasserwerte (siehe Tabelle oben) geachtet werden. Die entsprechenden Test-Sets sind im Fachhandel erhältlich.

Schilf (*Phragmites australis*) zählt zu den Wasser reinigenden Pflanzen.

Der richtige Bodengrund

Tauchen Probleme beim Betrieb eines Gartenteiches auf, so haben diese meistens ihre Ursache im falschen Bodengrund. Substrate wie Mutterboden, Kompost, Kuhdung, Hornspäne oder Mischungen aus Torf, Ton und Kompost führen über kurz oder lang in die Katastrophe. Der optimale Gartenteich enthält überhaupt keinen Bodengrund. Die Pflanzen werden in Körben eingesetzt, in denen sich grober Kies und ein Spezialbodengrunddünger befinden. So kann der Dünger jederzeit gezielt nachdosiert werden.

Idyllische Teichanlage mit kleinem Sitzplatz.

Pflegetipps für das Frühjahr

- Rückschnitt: Wasserpflanzen, Schilf und Rohrkolben werden Mitte bis Ende März bis auf ein paar Halme zurückgenommen. Auf die abgestorbenen Halme sind einige Libellenarten auch im Frühjahr und Sommer für die Eiablage angewiesen. Frei flutende Pflanzenreste sowie alles abgestorbene Material fischt man dagegen ab.
- Seerosen teilen: Wenn der Teich mehrere Jahre besteht, kann es nötig werden, die Seerosen zu teilen. Dabei werden Rhizomteile mit einem scharfen Messer abgetrennt. Um zu verhindern, dass an der Trennstelle Fäulnis entsteht, genügt es, diese mit etwas Holzkohle zu bestäuben und antrocknen zu lassen. Anschließend ist das Seerosenrhizom wieder waagrecht in den Pflanzkorb zu setzen. Damit das Rhizom nicht hochtreibt, wird es mit einem plastikummantelten Draht umschlungen und am Korbrand fixiert.
- Filter und Pumpen reinigen: Nach dem Winter kann sich viel Schmutz an Filter und Pumpen sammeln. Warten Sie die Teile gründlich.
- Neupflanzung: Das Frühjahr eignet sich hervorragend, um eine Neubepflanzung vorzunehmen, Pflanzen zu teilen, zurückzuschneiden oder umzugruppieren.

Pflegetipps für den Sommer

- Teichpflege: Wenn viel Wasser verdunstet und der Wasserspiegel merklich absinkt, wird umgehend Wasser nachgefüllt.

Herbstlaub lässt sich gut mit einem Kescher aus dem Wasser fischen.

Gartenteiche sind zu jeder Zeit schön, auch im Winter.

- Pflanzen ausputzen: unerwünschten Wildwuchs entfernen. Während der Vegetationszeit vertrocknete und abgestorbene Pflanzenteile abschneiden und kompostieren. In der Teichanschlusszone abgeblühte Pflanzen abschneiden, um Nachblüten zu erhalten.

Pflegetipps für den Herbst

- Laubeintrag: Laub zersetzt sich im Laufe des Winters und entzieht durch die Abbauprozesse dem Wasser Sauerstoff. Freiwerdende Humin- und Gerbsäuren beeinflussen den pH-Wert des Wassers ungünstig. Daher auf der Wasseroberfläche schwimmende Blätter mit einem Kescher absammeln und/ oder ein Laubschutznetz aufspannen.
- Pumpen und Filter warten: Sollen Pumpen auch im Winter ihren Dienst verrichten, so heißt es jetzt, bevor es eisig wird, den Filterlauf zu kontrollieren, die Filter zu warten und zu säubern. Ansonsten nimmt man sie aus dem Teich und lagert sie in einem frostfreien Raum in einem Wasserbehälter.
- Tiere und Pflanzen überwintern: Als Überwinterungsquartier für Tiere

Algenpolster müssen regelmäßig aus dem Teich entfernt werden.

legt man einige Tonröhren ins Wasser. Nicht ganz winterharte Pflanzen werden jetzt hereingeholt bzw. mit einem Vlies geschützt. Röhricht sowie dickstängelige Pflanzen wie Rohrkolben und Schilf bleiben im Herbst stehen. In ihnen überwintern viele Kleinlebewesen, wie z.B. verschiedene Libellen.

Pflegetipps für den Winter

- Eis: Ist Eis vorhanden, sollte es nicht betreten werden. Eisfreihalter rechtzeitig installieren!
- Frostschutz: Als nutzlos, ja schädigend, hat es sich erwiesen, Strohbündel in den Teich zu stellen. Das Stroh kann Biozide, Humin- und Gerbsäuren an den Teich abgeben. Biozide sind giftig, Humin- und Gerbsäuren verändern den pH-Wert.

Algen im Wasser

In Wassergärten sind vermehrt Algen zu finden. Sie zeigen einen hohen Gehalt an verfügbaren Nährstoffen an und weisen nicht auf eine schlechte Wasserqualität hin. Diese Fadenalgen sollten Sie abfischen, sobald sie eine bräunliche Farbe annehmen.

Zwischen den Algen leben viele Larven und andere Wasserlebewesen, denen man unbedingt die Rückkehr in den Teich ermöglichen sollte. Deshalb lässt man die herausgefischten Algen einen Tag lang direkt neben dem Wasser liegen.

Ursachen für übermäßigen Algenwuchs können falscher Bodengrund, zu viele Fische oder Futter, Einwehungen von Dünger, Samen, Laub und Pollen sein. Abhilfe schaffen dementsprechend eine Verringerung des Fischbestandes bzw. der Futtermenge, das Installieren eines Filters oder Klärbeckens und zeitweises Schattieren.

Im Sommer vergeht die Zeit am Teich wie im Flug.

Kübelpflanzen zieren diesen gemauerten Zierteich, dessen Wasserfläche von Seerosen bedeckt ist.

Der richtige Einkauf

Wie und wo Sie die richtigen Pflanzen für Ihren Teich finden, erfahren Sie im folgenden Kapitel. Entnahmen aus natürlichen Gewässern sind gesetzlich verboten und sollten zur Schonung der Natur auch unbedingt unterbleiben. Spezialgärtnereien halten eine Vielzahl von Pflanzen, darunter auch gefährdete und geschützte Arten, für Sie bereit.

Eine gute Pflanzenauswahl ist das A und O für einen schönen Wassergarten.

RICHTLINIEN FÜR DEN PFLANZEN-EINKAUF

Wer spontan und ohne Planung einkauft, unterliegt oft den optischen Reizen des reichhaltigen Angebotes. Um Fehler zu vermeiden, empfiehlt es sich, einen Bepflanzungsplan zu erstellen und nach den folgenden Kriterien vorzugehen:

- Stimmen die Standortansprüche der Pflanzen mit den gegebenen Bedingungen in Ihrem Garten überein?
- Neben niedrig wachsenden Pflanzen kann eine Solitärpflanze von besonderem optischen Reiz sein.
- Mit Pflanzen, die unterschiedlich hoch werden, plant man die Seiten und den Hintergrund des Gewässers.
- Gut überlegt will die Anzahl der Pflanzen und ihre Wuchsfreudigkeit sein, damit keine Art der anderen den Lebensraum oder das Licht wegnimmt.
- Rechnen Sie damit, dass sich die Pflanzmenge aus Teich- und Sumpfpflanzen in drei Jahren durchschnittlich verzehnfacht.
- Aus ästhetischen Gründen bezieht man sowohl die Blütenfarbe als auch die Blütezeit in die Planung mit ein.
- Ermitteln Sie den Pflegeaufwand: Wieviel Zeit möchten Sie für die Pflege der Pflanzen aufwenden? Wie pflegeintensiv ist die jeweilige Pflanzenart?
- Tipp zur Gestaltung: Lassen Sie gleiche Pflanzen an verschiedenen Stellen und in unterschiedlicher Anzahl in Ihrem Wassergarten erscheinen. Diese Pflanzen bilden das Gerüst, um das Sie die anderen Pflanzen gruppieren (Gerüstpflanzen).
- Bei der Auswahl von Seerosen ist zu bedenken, dass manche Arten sehr starkwüchsig sind. Es gibt auch Zwerge unter den Seerosen, die Wassertiefen von 20 bis 40 cm bevorzugen.

Im Frühjahr ist der ideale Zeitpunkt zum Pflanzen.

In einen Korb aus Kokosfasern wird das Pflanzsubstrat direkt eingefüllt.

Pflanzzeit – Einkaufszeit

Die beste Zeit, den Teich und die Teichumgebung durch eine ausgewählte Bepflanzung zu beleben, ist das Frühjahr. Ab Ende April/Anfang Mai gibt es im Fachhandel die ersten Pflanzen mit gut sichtbarem Austrieb. Spezialgärtnereien produzieren große Mengen geeigneter Sumpf- oder Wasserpflanzen. Sie werden in Containern vorgetrieben und gepflegt, dadurch verlagert sich die Pflanzzeit über das Frühjahr hinaus noch beträchtlich in den Sommer hinein. In Containern angebotene Pflanzen wachsen besser weiter, weil das Umpflanzen schonend ohne nennenswerte Beschädigung ablaufen kann.
Wenn die Gewächse verblühen und zu welken anfangen, wird nichts mehr neu bepflanzt.

Einkaufstipps

- Beim Kauf nach Pflanzplan empfiehlt es sich, darauf zu achten, dass die angebotenen Pflanzen kräftig und gesund sind.
- Bei der Auswahl von Seerosen ist sicherzustellen, dass sie auch als winterhart ausgewiesen sind.
- Seerosenrhizome sollen mindestens 5 cm dick sein. Ihre Länge sollte bei kleinwüchsigen Arten 6–10 cm und bei großwüchsigen Arten 10–15 cm betragen.
  Die Blätter müssen frei von Käfern und Schneckenlaich sein; ihr Austrieb sollte kräftig und die Pflanze mehrblättrig sein.
- Gesunde Pflanzen zeigen einen kräftigen, saftiggrünen Austrieb.
- Je mehr Stängel oder Blätter unbeschädigt (knicklos) sind, desto besser wachsen sie weiter.
- Kräftige weiße Wurzeln deuten ebenfalls auf gesunde Pflanzen hin.

Vor dem Bepflanzen des Gartenteiches sollte man die verschiedenen Pflanzen nach einem Pflanzplan verteilen.

- Das Substrat, in dem die Pflanzen angeboten werden, sollte frisch und auf keinen Fall nach faulen Eiern riechen.
- Gelbe Blätter und Fraßstellen deuten auf Schäden hin.

Pflanzbehälter

Die Pflanzen der Schwimmblattzone, wie z.B. Seerosen, können sich in Körben genügend entfalten. Ein ungezügelter Wuchs hätte zur Folge, dass man für jede Pflegemaßnahme, wie z.B. das Teilen, in den Teich hineinsteigen oder ihn womöglich entleeren müsste, damit man an die Pflanzen herankommt.
Die Pflanzen der Flachwasserzone können ebenfalls kontrollierbar in Körben gedeihen. Man kann jederzeit auslichten, umgruppieren und die Pflanzenmenge beliebig verändern.
Die meistgekauften Pflanzgefäße sind perforierte Plastikkörbe. Es gibt im Fachhandel auch Pflanzkörbe aus Kokosfasern. Aus ökologischen Gründen sollten diese bevorzugt werden.

Prunkvolle Irisblüte: Schwertlilien brauchen viel Platz und einmal im Jahr eine Düngergabe.

Gast am Wassergarten: der Grüne Wasserfrosch.

Nützliches Teichzubehör

- Schlammsauger: empfielt sich bei stark verunreinigten und verschlammten Teichen;

Herbststimmung am Wassergarten.

wirkt ähnlich wie ein Staubsauger

- Laubschutznetz
- Netze: vom Planktonnetz bis zum schleimhautschonenden Fischkescher mit Teleskopstiel
- Eisfreihalter; gibt es auch mit einer Belüftungseinrichtung
- Filter, Sauerstoffpumpen
- UV-Geräte helfen gegen grünes, trübes Teichwasser und gegen Schwebealgen.

Exotische Schwimmpflanzen

Diese Pflanzengruppe eignet sich eigentlich eher für Gewässer in Innenräumen und Wintergärten. Gelegentlich werden aber immer wieder auch Pflanzen für den Gartenteich angeboten. Sie sind nicht frosthart und müssen daher frostfrei überwintert werden. Auch in kleinen, mobilen Wassergärten, die im Hochsommer im Freien stehen, können sie verwendet werden. Hier eine Auswahl der wichtigsten Vertreter:

- Wasserhyazinthe (*Eichhornia crassipes*)
- Muschelblume (*Pistia stratiotes*)
- Feenmoos (*Azolla caroliniana*)

TIPP
Nach dem Kauf sollte die Transportzeit möglichst kurz sein. Um Schäden an den Pflanzen zu vermeiden, dürfen sie während des Transportes oder Auspflanzens auf keinen Fall austrocknen.

Tiere am Wasser

Der Wassergarten ist ein Refugium für viele Tierarten, die wir normalerweise nicht in unserem Garten finden. Welche und wie viele der zugewanderten Tiere den Teich im Laufe der Zeit als ständigen Lebensraum annehmen, hängt von mehreren Faktoren ab. Neben ihnen zusagenden Wasser- und Umgebungsbedingungen sind das Nahrungsangebot, aber auch Unterschlupf, Versteck und Überwinterungsmöglichkeiten mit entscheidend, ob die Neusiedler bleiben oder wieder abwandern. Je naturnaher der Wassergarten gestaltet ist, desto besser sind die Chancen für eine vielfältige und artenreiche Besiedlung.

Die folgende Zusammenstellung zeigt eine Übersicht an Tieren, die an Gartenteichen anzutreffen sind.

INSEKTEN

Wasserläufer *(Gerris lacustris)* gehören zu den ersten, die Gartenteiche besiedeln. Man sieht sie auf der Wasseroberfläche jagen. Dazu gesellen sich häufig die meist in Gruppen auftretenden **Taumelkäfer** *(Gyrinus substriatus)*. Sie sind schwarz gezeichnet und können gleichzeitig über und unter Wasser sehen. Die oft als „Wasserzikaden" bezeichneten **Rückenschwimmer** sind flinke Jäger. Besonders Mückenlarven haben es ihnen angetan. **Ruderwanzen** ernähren sich auch von Algen, **Wasserskorpione** *(Nepa cinerea)*, **Teichläufer** *(Hydrometra)* oder **Stabwanzen** *(Ranatra linearis)* leben räuberisch. Die ca. 35 mm langen **Gelbrandkäfer** *(Dytiscus marginalis)* sowie deren bis zu 80 mm langen Larven sind sehr gefräßig und können sogar junge Fische erbeuten. **Gaukler** *(Cybister laterimarginalis)* und der **Furchenschwimmer** *(Acilius sulcatus)* werden leicht mit dem Gelbrandkäfer verwechselt. Von den räuberisch lebenden **Libellen** sind einige Arten vom Aussterben bedroht. Ihre Eier legen sie direkt ins Wasser, in feuchten Substraten oder in Pflanzen ab; die Larven verbringen ihr 1- bis 3-jähriges Leben (je nach Art) im Wasser. Das Aufkommen von **Stechmücken** *(Culex pipiens)* hält sich in einem gesunden Gartenteich in erträglichen Grenzen.

SCHNECKEN

Die **Spitzschlammschnecke** *(Lymnaea stagnalis)* wird oft mit Wasserpflanzen eingeschleppt. Sie atmet atmosphärische Luft und kommt umso häufiger an die Wasseroberfläche, je sauerstoffarmer das Teichwasser ist. Ebenso wie die **Kleine Schlammschnecke** *(Lymnaea truncatula)* und die **Ohrschlammschnecke** *(Lymnaea auricularia)* lässt sie sich gut beobachten, wenn sie rücklings auf ihrem körpereigenen Schleim unter dem Wasserspiegel kriecht. **Posthornschnecken** sind willkommene Teichbewohner, da sie den Teich säubern.

Die **Sumpfdeckelschnecke** *(Viviparus viviparus)* ist die größte der einheimischen Schnecken. Sie gehört zu den Kiemenschnecken und braucht nicht zum Atmen an die Wasseroberfläche kommen. Sie legt keine Eier, sondern bringt lebende Jungschnecken zur Welt.

MUSCHELN

Sowohl die **Teichmuschel** *(Anodonta cygnea)* als auch die **Malermuschel** *(Unio pictorum)* sind für Teiche als Filtrierer geeignet.

AMPHIBIEN

Grasfrösche *(Rana temporaria)* suchen im zeitigen Frühjahr Gewässer zum Ablaichen auf. **Moorfrösche** *(Rana arvalis)* und **Springfrösche** *(Rana dalmatina)* sind mehr und mehr gefährdet, da ihre Lebensräume immer stärker negativen Umwelteinflüssen ausgesetzt sind. Zu den Grünfröschen werden die Wasserfrösche *(Rana ssp.)* gezählt. An natürlichen Standorten sind drei verschiedene Formen zu finden: der **Seefrosch** *(Rana ridibunda)*, der **Kleine Teichfrosch** *(Rana lessonae)* und der **Grüne Wasserfrosch** *(Rana esculenta)*.
Recht unwahrscheinlich ist eine Besiedlung des Teiches durch Unken. Die **Rotbauchunke** *(Bombina bombina)* und die **Gelbbauchunke** *(Bombina variegata)* besiedeln besonders gestaltete Kleingewässer mit Lehm- und Sandboden.
Erdkröten *(Bufo bufo)* sind standorttreu. Je nach örtlichen Gegebenheiten können sich zum Laichen am Teich auch die **Kreuzkröte** *(Bufo calamita)*, die **Wechselkröte** *(Bufo viridis)* oder die **Knoblauchkröte** *(Pelobates fuscus)* einstellen.
Molche verbringen nur eine kurze Zeit ihres Lebens im Wasser und leben versteckt in Wassernähe. Abhängig von Landschaft und Klima lassen sich **Fadenmolche** *(Triturus helveticus)*, **Teichmolche** *(Triturus vulgaris)* und **Bergmolche** *(Triturus alpestris)* in Gärten finden. Seltenere Gäste sind die **Kammolche** *(Triturus cristatus)*.

KRIECHTIERE

Ohne groß aufzufallen, leben auch **Blindschleichen** *(Anguis fragilis)* in Teichnähe. Weitere Besucher sind die Wald-, Moor- bzw. **Bergeidechse** *(Lacerta vivipara)* und die **Zauneidechse** *(Lacerta agilis)*, die mehr die trockenen Standorte liebt.

ANDERE TIERE

Wasserflöhe *(Cladocera)* werden mit neuen Wasserpflanzen in den Teich eingebracht. Sie ernähren sich von Teichplankton, das sie aus dem Wasser filtern. **Muschelkrebse** *(Ostracoda)* leben von Pflanzenteilen. Fühlen sie sich bedroht, klappen sie ihre Schale zusammen und lassen sich zum Grund des Gewässers absinken. Die **Gemeinen Köcherfliegen** *(Limnephilus flavicornis)* ruhen tagsüber auf Pflanzen. Auffallend sind die Larven, die bis zum Schlupf in einem Köcher stecken, der aus unterschiedlichen Materialien besteht.

Die Ausschneidebögen

Sumpfschwertlilie (*Iris pseudacorus)* und Trollblume (*Trollius eurpaeus*): besonders attraktive Pflanzen für die Teichanschlusszone

Auf den folgenden acht Seiten sind Wasserpflanzen für Tiefwasser-, Flachwasser- und Uferzone sowie verschiedene Schwimmblattpflanzen zusammengestellt. Schneiden Sie zunächst die Wasserpflanzen entlang der Umrisse und den Teich entlang der aufgedruckten Linien aus. Vorsicht: Neben dem Teich befindet sich eine Stabilisierungsleiste, die ebenfalls ausgeschnitten und an den gestrichelten Linien zickzackförmig gefaltet wird.

Um den Teich zusammenzubauen, müssen Sie das Modell an den Außenkanten falzen, nach unten biegen und an den Klebeflächen zusammenkleben. Zum Schluss legen Sie die Stabilisierungsleiste hochkant unter das Teichmodell. Für die Bepflanzung stecken Sie den weißen Fuß der aufrecht wachsenden Pflanzen des Flachwasser- und Uferbereiches (Pflanzenname und geeignete Zone sind hinten aufgedruckt) in die perforierten Schlitze auf dem Teich. Der blaue Fußteil wird waagrecht gefaltet, um ein Umkippen der Pflanzen zu verhindern.

Alle Tiefwasser- und Schwimmblattpflanzen können an den eingezeichneten Sechsecken frei auf der Teichfläche verteilt werden. Kombinieren Sie nach Lust und Laune! Beachten Sie aber bei der Zusammenstellung, dass eine Bepflanzung immer nur von einem Blickwinkel aus optimal wirken kann. Hohe Pflanzen wie der Rohrkolben verdecken die Sicht und sollten daher nur auf einer Teichseite gepflanzt werden.

Schön angelegter Teich im Frühjahr

TIPPS & TRICKS BEI TEICHPROBLEMEN

Trotz aller Sorgfalt können bei der Pflege von Gartenteichen Probleme auftreten, mit denen man nicht gerechnet hat. Die folgende Zusammenstellung zeigt die häufigsten Wassergartenprobleme und nennt Maßnahmen zur raschen Bekämpfung.

Algen im Teich
Biologisch reagierendes Algenmittel (Dosierung beachten!) verwenden. Algen und abgestorbene Pflanzenteile entfernen. Teich dichter bepflanzen. Wasserbewegung fördern.

Trübes Wasser
Teilwasserwechsel vornehmen. pH-Wert des Wassers mit Teichtorf auf 6,8 – 7 senken. Nicht düngen; biologisch reagierendes Algenmittel (Dosierung beachten!) verwenden. Auch Fische können Schlamm aufwirbeln und dadurch das Wasser trüben.

Schaumbildung
Schaumbildung wird meist aufgrund zu hoher Eiweißbelastung durch ungeeigneten Dünger verursacht; Teichwasserwechsel vornehmen (bis 20% der Gesamtwassermenge); enzymatisch wirkendes Mittel aus dem Fachhandel (Dosierung beachten!) anwenden.

Frostschutz
Maßnahmen für die richtige Überwinterung: Einfacher Eisfreihalter aus Styropor; Eisfreihalter mit integrierter Luftpumpe; Teichheizer; lichtdurchlässige Abdeckung des Teiches.

Laubeinfall
Blätter regelmäßig abfischen; im Herbst Laubschutznetz anbringen.

Verlandung
Stark wuchernde Pflanzen reduzieren und in Pflanzkörbe setzen. Ist der Teich stark verschlämmt, Schlamm über Sieb vorsichtig absaugen (auf Tiere achten!). Laubeinfall im Herbst durch Laubschutznetz verhindern. Abgestorbene Pflanzenteile entfernen.

Wassererwärmung
Ursache: Falsches Verhältnis von Teichtiefe zu Fläche. Bei Erwärmung über 30 °C Teilwasserwechsel vornehmen (Temperaturschock für Fische, Tiere und Pflanzen vermeiden!). Bei starker Hitze Wassertemperatur regelmäßig kontrollieren.

Wasserverlust
Teichfolie/-becken nach undichter Stelle absuchen. Bereich des Lecks markieren, Teich an dieser Stelle aufgraben. Reparatur mit passendem Reparaturset aus dem Fachhandel.
Auf Kapillarwirkung achten: Wasser kann über Blätter, Algenfäden, Moos wie durch einen Docht aus dem Teich sickern.

Abgestorbene Pflanzenteile sind im Herbst aus dem Wasser zu entfernen.

Adressen

Adressen von Versandgärtnereien, Herstellern und Vertreibern von Samen, Blumenzwiebeln, Gewächshäusern, Geräten, Pflanzenpflegemitteln, Rosen, Gehölzen und vielen mehr finden Sie in Gartenzeitschriften, den Gelben Seiten oder im Internet.

Die folgende Liste erhebt keinen Anspruch auf Vollständigkeit.

VEREINE UND VERBÄNDE

Deutschland

Bundesverband Deutscher Gartenfreunde
Steinerstr. 52
53225 Bonn
URL: www.kleingarten-bund.de

Zentralverband Gartenbau e.V.
Godesberger Allee 142-148
53175 Bonn
Postfach 20 14 63, 53144 Bonn
Tel.: 0228/81002-0
Fax: 0228/81002-48
URL: www.g-net.de/zvg/

BUND
Bund für Umwelt und Naturschutz Deutschland e.V.
Dunantstr. 16
79110 Freiburg
URL: www.bund.net

NABU
Naturschutzbund Deutschland e.V.
Herbert-Rabius-Str. 26
53225 Bonn
URL: www.nabu.org

Österreich

Zentralverband der Kleingärtner, Siedler und Kleintierzüchter Österreichs
Getreidemarkt 11/10
A - 1060 Wien
Tel.: 0043/1-5870785
Fax: 0043/1-5870785-30
E-Mail: zvwien@via.at

Schweiz

Schweizer Familiengärtnerverband
c/o Frau Erika Seitz
St. Johannesstrasse 2
CH - 6300 Zug
Tel.: 0041/41-7417136
Fax: 0041/41-7417133
E-mail: seitzug@bluewin.ch

LIEBHABER-GESELLSCHAFTEN

Gesellschaft der Heidefreunde
c/o Jürgen Schröder
Lütjenmoor 66
22850 Norderstedt

Deutsche Efeu-Gesellschaft
c/o Robert Krebs
Hauptstr. 48
24890 Stolk

Bonsai-Club Deutschland
c/o Dieter Paul
Dammhalmsweg 35
26441 Jever

Deutsche Rhododendron-Gesellschaft
c/o Julia Westhoff
Marcusallee 60
28359 Bremen

Gesellschaft für Fleischfressende Pflanzen
c/o Dr. Rolf Hübert
Rüsbgerstr. 8
30459 Hannover

Deutsche Orchideengesellschaft
c/o Gerd Röllke
Flößweg 11
33758 Schloss Holte-Stukenbrock

Gesellschaft der Wassergartenfreunde in der Intern. Water Lily Society
c/o Herbert Bollerhey
Eichenberger Str. 19
34233 Fuldatal-Rothwesten

Deutsche Dendrologische Gesellschaft
c/o Andreas Bärtels
Hünstollenstr. 32
37136 Bösinghausen-Waake

Vereinigung Deutscher Orchideenfreunde
c/o Stefanie Henkel
Söllingstr. 53-55
45127 Essen

Deutsche Gesellschaft für Hydrokultur
c/o Heinrich Bömken
Kurt-Schumacher-Str. 36
45699 Herten

Europäische Buchsbaum- und Formschnitt-Gesellschaft
c/o Raphael Witte
Oberstr. 36
52349 Düren

Deutsche Bromeliengesellschaft
c/o Ursula Börner
Steiler Weg 15
57076 Siegen

Europäische Bambus-Gesellschaft
c/o Edeltraud Weber
John-Wesley-Str. 4
63584 Gründau

Gesellschaft der Staudenfreunde
c/o Brigitte Wörfel
Meisenweg 1
65795 Hattersheim

Deutsche Kameliengesellschaft
c/o Gerhard Kasimir
Stahlbühlring 96
68526 Ladenburg

Internationale Clematis-Gesellschaft
c/o Walter Hörsch
Hagenwiesenstr. 3
73066 Uhingen

Verein Deutscher Rosenfreunde
c/o Hanni Bartetzko
Waldseestr. 14
76530 Baden-Baden

European Palm-Society
c/o Tobias W. Spanner
Tizianstr. 44
80638 München

Register

Halbfette Seitenzahlen verweisen auf Abbildungen.

Alchemilla vulgaris **12**
Algen 19, **19**
Amphibien 27
Anleitung Ausschneidebögen 28
Azolla caroliniana 25

Baumaterialien 6
Bepflanzung
- Teichzonen 11f
- Vorbereitung der 8f
Betonteich 7
Blattfraß 29
Blindschleichen 27
Bodengrund 17
Bodenuntersuchung 13

Caltha palustris **15**

Eichhornia crassipes 25
Eidechsen 27
Einkauf, Pflanzen 21f
Eisfreihalter 19, 25

Feenmoos 25
Fertigteich 6
Feuchte Randzone 12f
Flachwasserzone 12, **12**
Folienteich 6f
Frauenmantel **12**
Frösche 27
Frostschutz 19
Furchenschwimmer 26

Gaukler 26
Gelbfelberich **13**
Gelbrandkäfer 26
Gestaltung 8

Insekten 26
Iris pseudacorus **5**, **29**
Iris sibirica **13**

Köcherfliege, gemeine 27
Kriechtiere 27
Kröten 27

Laubeinfall 18, **18**, 25
Libellen 26
Lysichiton camtschatcensis **5**
Lysimachia punctata **13**

Molche 27
Muschelblume 25
Muschelkrebse 27
Muscheln 27

Nitratgehalt, optimaler 16
Nymphaea laydekeri **10**
Nymphaea odorata 8

Pflanzbehälter 10, 24
Pflanzenpraxis 15f
Pflanzplan 22, **23**
Pflanzzeit 23
Pflegetipps, Teich 16f
Phragmites australis **16**
Pistia stratiotes 25

Rückenschwimmer 26

Sauerstoffgehalt, optimaler 16
Schaumbildung 29
Schein-Calla **5**
Schilf **16**
Schnecken 26f
Schwertlilie **5**, **13**
Schwimmpflanzen, exotische 25
Seerose pflanzen 9f, **10**, 17
Seerose teilen 17
Sprudelsteine 10f
Stabwanzen 26
Stachys palustris **7**
Standortbedingungen 8
Stechmücken 26
Sumpfdotterblume **15**
Sumpfschwertlilie **5**, **29**
Sumpfzone 12, **12**

Taumelkäfer 26
Teichanschlussbereich **12**, 13
Teichformen 6f
Teichläufer 26
Teichprobleme 29
Teichzubehör 24f
Teilen, Wasserpflanzen **16**
Teilung, Seerosen 17
Tiefwasserzone 11
Tiere am Wasser 26f
Tonteich 7
Transport, Wasserpflanzen 25
Trollblume **28**
Trollius europaeus **28**

Überwinterung, Tiere und Pflanzen 18f
UV-Geräte 25

Verlandung 29

Wartung, Filter und Pumpe 18
Wassererwärmung 29
Wasserflöhe 27
Wasserfrosch, Grüner **24**
Wasserhärte, optimale 16
Wasserhyazinthe 25
Wasserläufer 26
Wasserskorpione 26
Wasserspeier 10f, **11**
Wasserverlust 29
Wasserwerte 16

Ziest **7**
Zubehör 24f

Mit 50 Farbfotos von
Karina Adams, Titz: 5 (unten rechts), 28 (oben links); Peter Beck, Stuttgart: 7 (oben), 8 (oben), 10 (oben), 24/25 (unten); Ursel Borstell, Essen: 4 (ganze Seite), 17 (oben rechts), 18 (unten links), 20 (ganze Seite), 21 (oben rechts), 28 (unten rechts); U. Niehoff, Bienenbüttel: 9 (oben), 15 (oben links), 19 (unten rechts); Wolfgang Redeleit, Bienenbüttel: 7 (unten), 11 (oben), 16 (beide), 19 (oben links), 23 (oben links, zweimal), 29 (unten rechts); Hans Reinhard, Heiligkreuzsteinach: 1 (alle drei), 2 (beide), 3 (unten), 5 (unten links, oben rechts), 6 (oben), 8 (unten), 12 (oben links), 13 (oben links, rechts), 14 (ganze Seite), 15 (oben rechts), 16/17 (Mitte), 21 (unten rechts), 24 (unten links, oben rechts), 25 (oben links), 26 (unten links), 27 (oben rechts); Bildarchiv Sammer, Neuenkirchen: 10 (unten, alle drei), 18 (oben links), 22 (oben links), 23 (unten rechts).
Mit 39 Illustrationen (teils mehrfach dupliziert) von Wolfgang Lang, Grafenau (Württemberg): alle ab Seite 33; Horst Lünser, Berlin: 12 (unten).

Umschlaggestaltung von Friedhelm Steinen-Broo, eStudio Calamar, Spanien, unter Verwendung eines Farbfotos von Peter Beck, Stuttgart.

Die Deutsche Bibliothek – CIP-Einheitsaufnahme
Ein Titelsatz für diese Publikation ist bei
Der Deutschen Bibliothek erhältlich.

Gedruckt auf chlorfrei gebleichtem Papier.

ISBN: 3-440-08040-4
Lektorat: Angelika Throll-Keller, Ulrike Pfeifer, Markus Wittenzeller
Grundlayout: Atelier Reichert, Stuttgart
Produktion: Martina Gronau, Heiderose Stetter
Satz und Reproduktion: Typomedia GmbH, Ostfildern
Printed in Italy / Imprimé en Italie
Druck und Bindung: Printer Trento s.r.l., Trento

Alle Angaben in diesem Buch sind sorgfältig geprüft und geben den neuesten Wissensstand bei der Veröffentlichung wieder. Da sich das Wissen aber laufend weiterentwickelt und vergrößert, muss jeder Anwender prüfen, ob die Angaben nicht durch neuere Erkenntnisse überholt sind. Dazu muss er zum Beispiel Gebrauchsanweisungen und Gesetze beachten.

Postfach 106011
D-70049 Stuttgart
TELEFON +49 (0)711-2191-0
FAX +49 (0)711-2191-422
WEB www.kosmos.de
E-MAIL info@kosmos.de

Stabilisierungsleiste ausschneiden, an den gestrichelten Linien zickzackförmig falten und zur Stabilisierung unter das fertige Teichmodell legen!

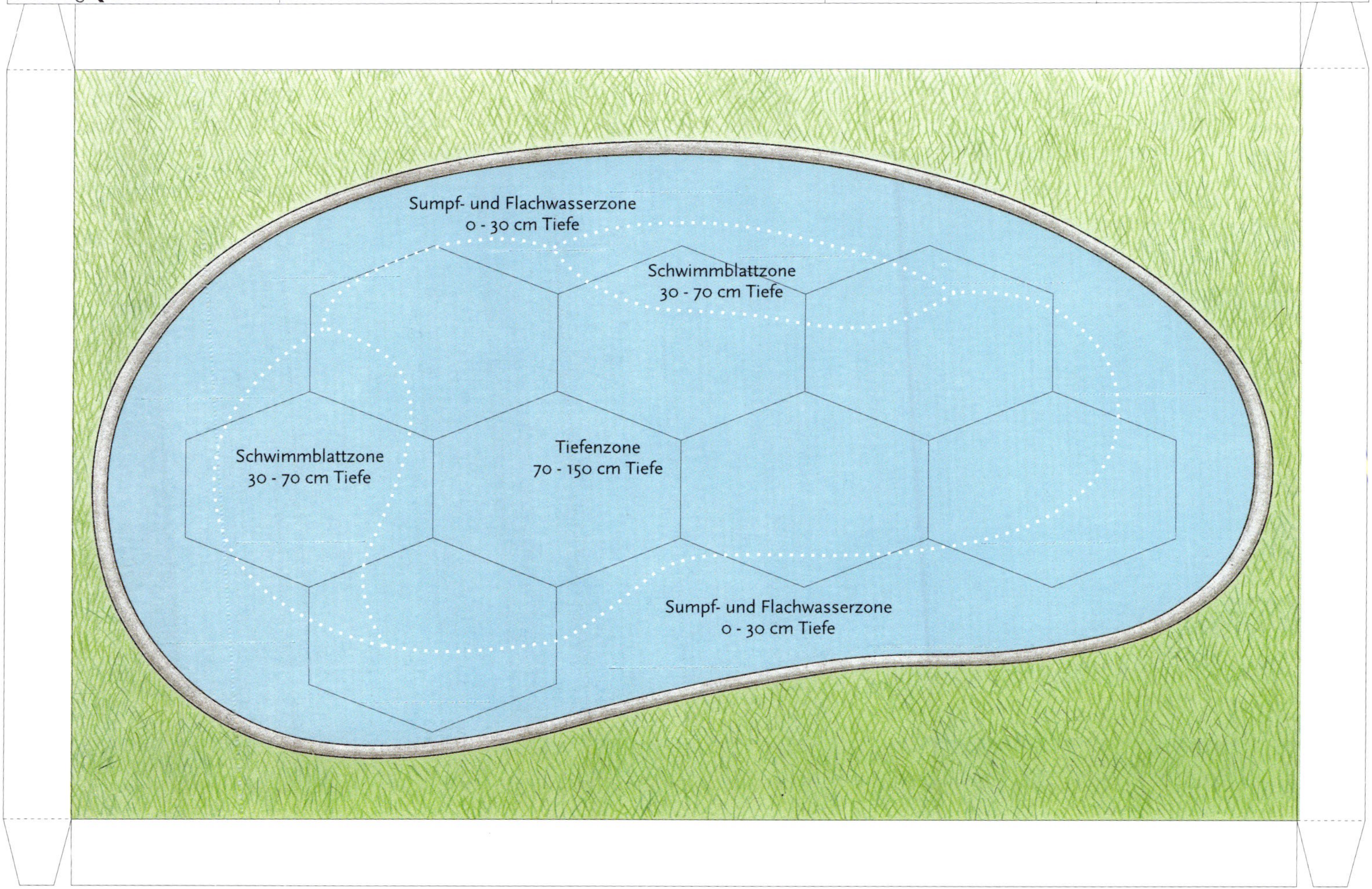

Wasserhahnenfuß
Ranunculus aquatilis
ab 0,4 m Wassertiefe

Froschbiss
Hydrocharis morsus-ranae
schwimmend

Krebsschere
Stratiotes aloides
schwimmend

Krebsschere
Stratiotes aloides
schwimmend

Wasserhahnenfuß
Ranunculus aquatilis
ab 0,4 m Wassertiefe

Froschbiss
Hydrocharis morsus-ranae
schwimmend

Gelbe Teichrose
Nuphar lutea
0,4 – 1,5 m Wassertiefe

Weiße Seerose
Nymphaea alba
0,8 – 1,5 m Wassertiefe

Gelbe Seerose
Nymphaea 'Moorei'
0,4 – 0,6 m Wassertiefe

Schwanenblume
Butomus umbellatus
0,1 – 0,4 m Wassertiefe

Schwanenblume
Butomus umbellatus
0,1 – 0,4 m Wassertiefe

Gelbe Seerose
Nymphaea 'Moorei'
0,4 – 0,6 m Wassertiefe

Rosa Seerose
Nymphaea 'Marliacea Rosea'
0,5 – 1 m Wassertiefe

Wasserknöterich
Polygonum amphibium
0,2 – 0,5 m Wassertiefe

Wasserknöterich
Polygonum amphibium
0,2 – 0,5 m Wassertiefe

Gewöhnlicher
Wasserschlauch
Utricularia vulgaris
schwimmend

Gewöhnlicher
Wasserschlauch
Utricularia vulgaris
schwimmend

Rote Seerose
Nymphaea 'James Brydon'
0,4 – 0,8 m Wassertiefe

Schwimmendes Laichkraut
Potamogeton natans
0,3 – 1,5 m Wassertiefe

Schwimmendes Laichkraut
Potamogeton natans
0,3 – 1,5 m Wassertiefe

Raues Hornkraut
Ceratophyllum demersum
schwimmend

Raues Hornkraut
Ceratophyllum demersum
schwimmend

Pfeilkraut
Sagittaria sagittifolia
0,2 – 0,4 m Wassertiefe

Seekanne
Nymphoides peltata
0,3 – 0,6 m Wassertiefe

Seekanne
Nymphoides peltata
0,3 – 0,6 m Wassertiefe

Seekanne
Nymphoides peltata
0,3 – 0,6 m Wassertiefe

Frühlings-Wasserstern
Callitriche palustris
0,2 – 0,6 m Wassertiefe

Pfeilkraut
Sagittaria sagittifolia
0,2 – 0,4 m Wassertiefe

Frühlings-Wasserstern
Callitriche palustris
0,2 – 0,6 m Wassertiefe

Frühlings-Wasserstern
Callitriche palustris
0,2 – 0,6 m Wassertiefe

Froschlöffel
Alisma plantago-aquatica
0,05 – 0,3 m Wassertiefe

Hechtkraut
Pontederia cordata
bis 0,4 m Wassertiefe
eventuell abdecken

Froschlöffel
Alisma plantago-aquatica
0,05 – 0,3 m Wassertiefe

Hechtkraut
Pontederia cordata
bis 0,4 m Wassertiefe
eventuell abdecken

Zungenhahnenfuß
Ranunculus lingua
bis 0,2 m Wassertiefe

Wasserminze
Mentha aquatica
bis 0,15 m Wassertiefe

Tannenwedel
Hippuris vulgaris
0,1 – 0,6 m Wassertiefe

Tannenwedel
Hippuris vulgaris
0,1 – 0,6 m Wassertiefe

Wasserminze
Mentha aquatica
bis 0,15 m Wassertiefe

Fieber-Quellmoos
Fontinalis antipyretica
0,4 – 0,6 m Wassertiefe

Fieber-Quellmoos
Fontinalis antipyretica
0,4 – 0,6 m Wassertiefe

Flutender Hahnenfuß
Ranunculus fluitans
ab 0,4 m Wassertiefe

Flutender Hahnenfuß
Ranunculus fluitans
ab 0,4 m Wassertiefe

Ästiger Igelkolben
Sparganium erectum
bis 0,3 m Wassertiefe

Ästiger Igelkolben
Sparganium erectum
bis 0,3 m Wassertiefe

Sumpfkalla
Calla palustris
bis 0,2 m Wassertiefe

Sumpfkalla
Calla palustris
bis 0,2 m Wassertiefe

Sumpfkalla
Calla palustris
bis 0,2 m Wassertiefe

Sumpfkalla
Calla palustris
bis 0,2 m Wassertiefe

Schmalblättriger Rohrkolben
Typha angustifolia
bis 0,4 m Wassertiefe

Schmalblättriger Rohrkolben
Typha angustifolia
bis 0,4 m Wassertiefe

Gnadenkraut
Gratiola officinalis
bis 0,1 m Wassertiefe
Giftig!

Sumpfdotterblume
Caltha palustris
bis 0,2 m Wassertiefe

Sumpfdotterblume
Caltha palustris
bis 0,2 m Wassertiefe

Sumpfdotterblume
Caltha palustris
bis 0,2 m Wassertiefe

Gauklerblume
Mimulus ringens
bis 0,1m Wassertiefe

Kalmus
Acorus calamus
0,1 – 0,3 m
Wassertiefe

Kalmus
Acorus calamus
0,1 – 0,3 m
Wassertiefe

Kalmus
Acorus calamus
0,1 – 0,3 m
Wassertiefe

Brennender Hahnenfuß
Ranunculus flammula
Feucht/nasser Standort

Gauklerblume
Mimulus ringens
bis 0,1m Wassertiefe

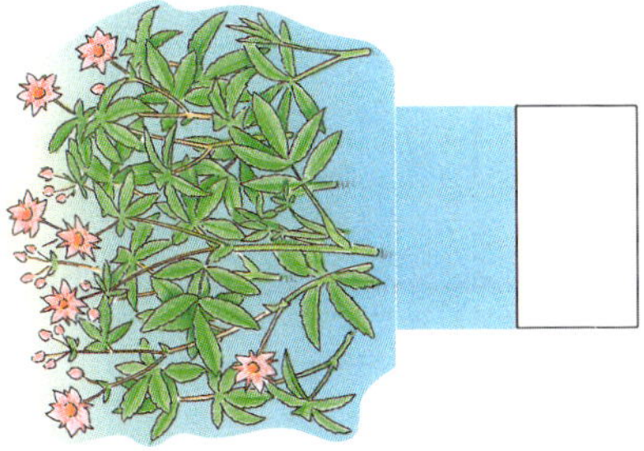
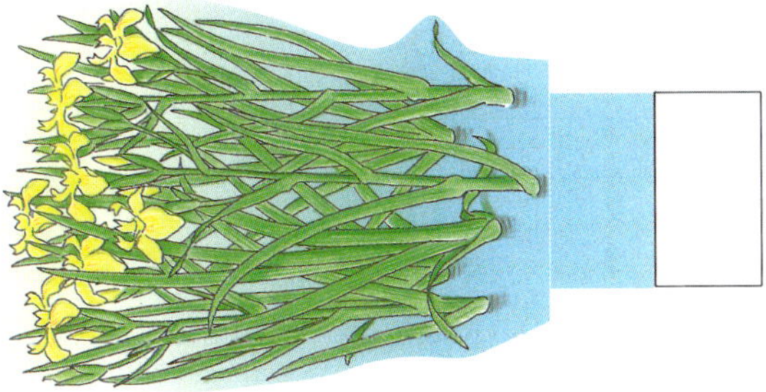

Gauklerblume
Mimulus ringens
bis 0,1m Wassertiefe

Wasserschwertlilie
Iris pseudacorus
bis 0,3 m Wassertiefe

Wasserschwertlilie
Iris pseudacorus
bis 0,3 m Wassertiefe

Kleiner Rohrkolben
Typha minima
bis 0,15 m Wassertiefe

Sumpfblutauge
Potentilla palustris
feucht/nasser Standort

Sumpfblutauge
Potentilla palustris
feucht/nasser Standort

Sumpfwolfsmilch
Euphorbia palustris
bis 0,1 m Wassertiefe

Sumpfwolfsmilch
Euphorbia palustris
bis 0,1 m Wassertiefe

Kleiner Rohrkolben
Typha minima
bis 0,15 m Wassertiefe

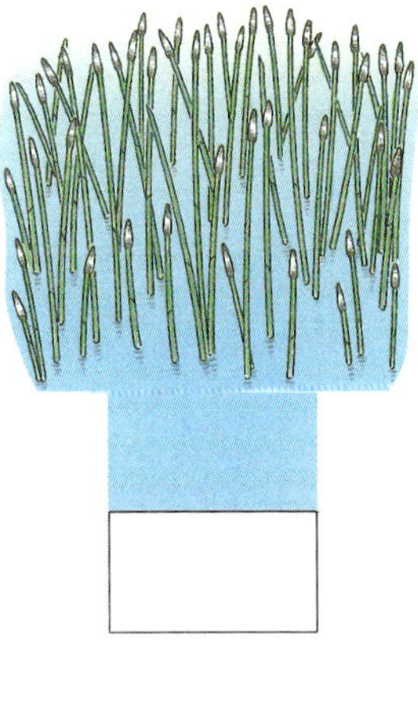
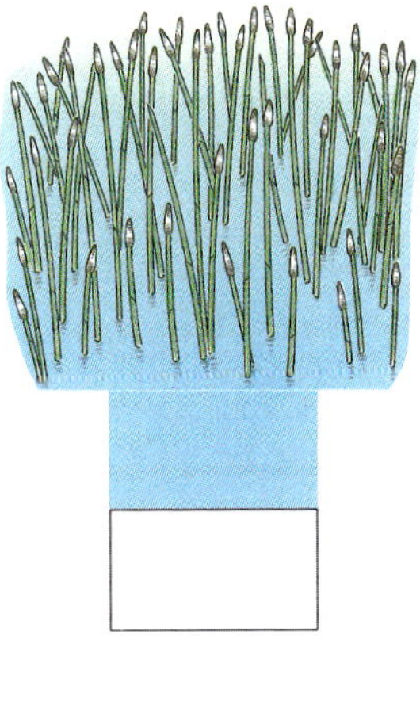
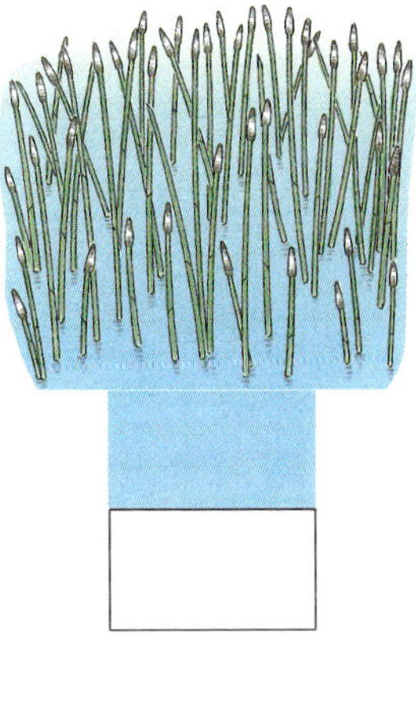

Sumpfvergißmeinnicht
Myosotis palustris
bis o,1 m Wassertiefe

Sumpfvergißmeinnicht
Myosotis palustris
bis o,1 m Wassertiefe

Sumpfvergißmeinnicht
Myosotis palustris
bis o,1 m Wassertiefe

Sumpfhelmkraut
Scutellaria galericulata
feuchter Standort

Sumpfhelmkraut
Scutellaria galericulata
feuchter Standort

Sumpfhelmkraut
Scutellaria galericulata
feuchter Standort

Sumpfsimse
Eleocharis palustris
bis o,1 m Wassertiefe

Sumpfsimse
Eleocharis palustris
bis o,1 m Wassertiefe

Sumpfsimse
Eleocharis palustris
bis o,1 m Wassertiefe